Ingeborg Christ

**Die Zeit
die wir haben**

Gedichte

Impressum:
Copyright 2012 Ingeborg Christ
für Texte, Cover-Fotos und Malerei

Herstellung und Verlag:
Books on Demand GmbH, Norderstedt
ISBN 978-3-8448-3029-3

Die Zeit
die wir haben

Gedichte

Gefühle und Empfindungen
sprechen aus dem Leben und der Liebe
Gedanken äußern sich zum Zeitgeschehen

in den Kapiteln

Ingeborg Christ
1940 in der Eifel geboren
lebte 30 Jahre mit ihrer Familie in Köln
und seit 24 Jahren im Allgäu und am Bodensee.
Nach Handelsschule Sekretärin.
Später Malerin und Autorin
für intern. Literaturzeitschriften
und Anthologien.
Als Einzelbände erschienen:
„Die kleinen Träume vom Glück" 2010
-Geschichten mit Gedichten-
„September-Rose" 2011 -Roman-

Jegliche Kunst
wäscht den Staub des Alltags
von der Seele.

Pablo Picasso

Liebe in den Masuren

Kapitel I :
Emotionen

*

Zum Lieben
braucht's nicht viel
als nur
ein
Herz

Verschenke dein Lächeln

denn irgendwer
lebt an dem Tag davon
in unserer Welt
der Gleichgültigkeit!

Schenke damit
einen Augenblick Freude
und Liebe
aus Warmherzigkeit!

*

Wegzehrung

Es ist gut
Liebe zu geben
und es tut gut
Liebe zu nehmen
als Wegzehrung fürs Herz

damit es
froh und zufrieden bleibt
auf der langen
Kräfte zehrenden Strecke
durchs Leben.

Herzenswünsche

Mit meinen Wünschen
schenk ich dir
ein buntes Tulpenfeld
und warme Sonne
für dein Herz
auf daß es froh
und munter bleibt
und leichter trägt
den Schmerz.

*

Liebe

was für ein großes Wort!
Dabei ist sie so bescheiden;
zeigt und bewährt sich im Kleinen!

Hast du die Liebe gesehen?

Sie wohnt
in der einfachen Hütte
drüben im Heidekraut
zwischen zwei Menschen
arm, aber warm,
ohne Klagelaut.

Sie wärmt sie
in dunkler Nacht
und flüstert im Wind,
singt ein Lied ihnen bei Tag
und ist ihnen Sonne
wenn Wolken da sind.

Singe, Wind, singe!

Als die trockenen Wedel der Palmen rauschten
und der Nordwind mit dem Südwind kämpfte
nahm er dich mit wie einen fliegenden Vogel.
Unsere Herzen waren mit Lianen
zusammengebunden
doch der Knoten riß.
Ich bleibe
wie ein Baum verwurzelt, und
ich weine
um dich, mein Vagabund,
Tränen auf den Feldern
die die Erde verschluckt und
ich binde
meine leeren Träume
mit einem erträumten Faden zusammen
und schicke sie mit Windgesängen
zum Himmel.
Singe, Wind, singe
und bringe
ihn zurück!

Liebe am Fjord

Ich hatte einen schönen Traum
als die Nachtigall sang
als der Eisvogel lachte im Baum
und Sterntaucher sich wiegten im Tanz

Ich hab die Liebe gesehn
im Reigen der Mittsommernacht
da, wo die bunten Polarlichter wehn
und Mädchen binden den Kranz

Ich hab meinen Traum verloren!
Er wurde vom Nordwind verweht
ist als Stern an den Himmel gezogen
und verleiht nun dem Fjord seinen Glanz.

Als die Liebe
uns mit Sommerblumen küßte
am wilden Ufer des Fjords
begann ein süßer Traum.

Doch bald schon
mähte ein eiskalter Hauch
die Rosen unserer Liebe
und dein Leben
und fegte auch
das letzte Blatt von meinem
Sommerbaum.

*

Dreams in the wind

On a day like today
I wanted to see once again
the beauty of the earth
but you were not with me

I dreamt you appeared
in the beams of the sun
smiling and curling my hair
by you in the wind for the fun

I stood still
to be warmed and be kissed
to feel the summer in me
and your love, I've missed.

Übersetzung „Dreams in the wind":

Träume im Wind

An einem Tag wie heute
wollte ich noch einmal
die Schönheit der Erde sehen,
aber du warst nicht bei mir

Ich träumte, du erschienst
in den Sonnenstrahlen
lächelnd und kräuselnd mein Haar
im Wind so zum Spaß

Ich stand still
um gewärmt zu werden und geküßt,
den Sommer in mir zu fühlen
und deine Liebe, die ich vermißt.

Ich möchte sein

in der Sonne
die dich weckt in der Früh
in der Schönheit
eines Sommertages
im Wind
der dir ein Lied singt bei Nacht
und im Traum
in dem du glücklich bist
mon amour!

Doch ich singe nicht immer
wärme dich manchmal nicht
und bin an solchen Tagen
auch nicht so schön
dir im Traum zu begegnen.
C'est fait la vie ~ Das Leben macht es!
Weißt du: Jene Tage sind die
an denen ich Dich
und deine Wärme brauche:
Nächstenliebe nur!

Nur Mut!

Sie sehen sich an und wissen
daß es nur ein Lächeln braucht
oder eine Hand
die Tür zueinander zu öffnen
um herauszutreten
zu verzeihen
zu lieben,
und nur einen Blick
um zu sehen
und ein Wort
um zu verstehen.

                    *

Liebe und Hass

sind die zwei hohen Gipfel
nebeneinander
in unserer Menschen Natur
verbunden nur
mit dem wunderschönen
schmalen, begehbaren Grat
der Mitmenschlichkeit,
auf dem der Wegweiser
des Gewissens die Richtung zeigt,
seit uralter Zeit
bis in die Ewigkeit.

Verrat

Als er ging
sang die Nachtigall
in den Wäldern
den Frühling ein.

Schön waren die Tage
die Nächte lau
und zu Hause blühte sie
wie junger Wein.

Als er wiederkam
und sie in die Arme nahm
krähte dreimal der Hahn
im fahlen Morgenschein.

Alltag

In der Stille der Nacht
verebben die Sorgen
die Herzen werden sacht
suchen Heilung
in Nähe und Wärme
bis zum anderen Morgen.

Wird dann der Tag geboren
beginnt der Kreislauf von vorn:
die Freuden, die Sorgen
die Kälte, das Leid,
und die Küsse der Nacht
gehen darüber verloren.

*

Liebe bei Tageslicht

Zwischen Sonnenaufgang
und –untergang
liegt die Zeit
in der wir uns
die wahre Liebe beweisen.

Die Nacht ist trügerisch
und läßt gern
schöne und schlechte Träume
überdimensional wahr erscheinen.

Abschied

In meinem inneren Garten
singt der Wind
das Lied vom Abschiednehmen
und schluchzt auf der Harfe
die im Lindenbaum hängt.

In meinem inneren Garten
trocknet der Nachtwind
manchmal Tränen
bevor sie das Lächeln
des Morgens auffängt.

*

Immer wieder Anfang

Nach jedem Ende
kommt ein neuer Anfang
wie nach der Nacht der Tag.
Sogar der Mond
wechselt sich ab mit der Sonne.

Nach dem Berg kommt ein Tal
und irgendwann auch
wieder Freude auf das Leid.
Dem Winter folgt der Frühling
mit Lebenslust und Rosenduft
und einer Zeit der Wonne.

Der Rosenstrauch

in unserem Garten
steht immer noch
an seinem alten Platz,
hat in all seinen Jahren
den Wettern getrotzt
und dem Wind.

Tief verwurzelt ist er;
die Blätter in Grün
sind etwas matter geworden
wie die Farbe seiner Blüten
und seine Dornen, scheint's mir,
stechen nicht mehr wie damals
als sie ihm zum Überleben
gewachsen sind.

Ist das Liebe?

Wenn zwei zusammen
lachen, streiten
sich vergeben und lieben,
miteinander reden
über die Welt und das Leben,
wenn sie zusammen
Berge besteigen
und Täler durchwandern,
alles Schwere gemeinsam
mit dem Schönen erleben?

Ist das Liebe
wenn einer versteht
des anderen Seele,
und wenn beide untereinander
Geborgenheit fühlen
und wünschen,
daß alles so bliebe;
ist es wohl Liebe!

Die Macht der Jahre

Es ist schon seltsam
wieviel Macht die Gemeinsamkeit hat
die Freude und das Leid in uns
zusammen kommen und gehen
zu lassen.

Woran liegt es
daß wir über die Jahre
Gleiches zur gleichen Zeit
empfinden, ohne uns fest
an den Händen zu fassen?

La vie est bonne

pour toi-meme
et pour les autres
qui tu aimes:
avec chaque jour
un sourire
tu donnes
et un Qui!

*

Das Leben ist gut
für dich selbst
und für die anderen
die du liebst:
mit jedem Tag
einem Lächeln
und einem Ja,
das du gibst!

Leicht und sorgenlos

Hab meine Sorgen
in den Kirschbaum gehängt
um unbeschwert
barfuß tanzen zu können im Gras
und zu fliegen
wie ein Vogel im Sommerwind.

Blühen und schön sein möcht ich
Blume sein in einer Maienwiese
möchte Welle sein im Meer
ein schönes Lied, das klingt
möcht lachen und glauben können
wie ein glückliches Kind.

Alles, alles möchte ich sein,
nur kein harter, kalter
lebloser Stein
den man wegwirft
und nicht in warme Hände nimmt!

Einmal noch genießen

Komm mit mir nach Porto Chico
bevor der Winter
zwischen Stein und Erde
unsere Schatten friert!
Wir wollen uns einmal noch
an dunklen Muskateller-Trauben laben
und ihrem Wein so rot,
lachen und scherzen so wie damals
am warmen Sandstrand laufen
und im Gold der Abendsonne baden!
Er wird's uns gönnen:
der gottgesandte Engel Tod.

*

Du bist kein Kristall mehr

nicht transparent mehr
glatt und glänzend
nicht mehr licht
vom Salz des Lebens gelaugt
ausgewaschen vom Regen
der die Träume erlischt.
Deine Schale ist rau
und du stehst da
wie zerklüftetes Granit
durch das ab und zu
die Sonne bricht.

Standfest

Du bist die Plattform
auf der ich sicher steh
und mein Fels in der Brandung
der in den Stürmen nicht weicht!

Du bist der Steuermann
auf unserem Schiff
durch die Wellen des Lebens;
mit dir zusammen
hab ich immer ein Ufer erreicht!

Du bist konstant
bist hart zu dir und den anderen
und weichherzig zugleich;
bist keiner von denen
der mir den Mund
mit Honig bestreicht!

Duscha-mòja ~ gywa mòja

Ein russisches Liebeslied
klang aus dem Fenster;
sie hörte es manchmal
im Vorübergehn.

Es sang und klang in ihr
und ließ an Wintertagen
den Frühling in der Taiga
wieder blühn.

Sie ging durch die kalten Straßen
im wirbelnden weißen Schnee
fühlte die russische Sonne
und sah roten Mohn
im Wind der Heimat wehn.

*

Manchmal noch

wehst du
durch mein Herz
wie ein wirbelnder
warmer Sommerwind,
streifst mein Gesicht
mit den Fetzen
der alten Sehnsucht.

Farben der Liebe

In jenen Tagen
als du träumtest
den Traum von Liebe
in flammendem Rot
und glitzerndem Blau
wußtest du noch nicht,
daß es auch
ein Schwarz darin gibt
das dich schmerzt
und glaubtest kaum,
daß es sich
mit der Farbe der Liebe
in ein Sonnengelb wandeln läßt.

*

Bittermandel

gehören in den Kuchen
    wie die Dornen
        zur Rose.

    Denke daran
wenn du blind vor Glück
    die Liebe umarmst!

Denken und Fühlen

Denken ~
die Arbeit des Geistes
die filtert und klärt,
die reifen läßt
alles was uns im Leben
widerfährt

Fühlen ~
ist nicht Denken
nicht Befehlen
nicht abschätzen, wertschätzen,
vielmehr mit der Seele sehen
Lauschen und Verstehen.

*

Laß brennen dein Licht

es schenkt Wärme
dir und den anderen
und zeigt den Weg
in hoffnungsvolle Ferne.

Es läßt auch Agression
Dualität und Konflikte enden.
Oder willst du damit
die Kraft deines Lebens
verschwenden?

Ein Streifen Niemandsland

als Ausweichstraße
im Miteinander, Füreinander,
und wenn es zu eng wird
in der gemeinsamen Spur.

Ein Streifen Niemandsland
für dich und mich
für deinen Atem und für meinen
laß uns nur!

*

Ich lieb dich

Nach den Jahren
mit dir
weiß ich immer noch nicht
ob du und die Zukunft
sich unauflöslich
miteinander vertragen.

Aber was soll ich grübeln?
Beim Blütenzupfen
ende ich immer wieder
beim „...lieb dich".
Darum will ich's wagen!

Ich bin nicht du

Bei allen Erfahrungen
vielleicht gerade wegen meiner Jahre
übersehe ich nicht mehr
die Dornen an den Rosen
und pflücke sie doch.

Du willst
mich vor Schaden bewahren
wenn du mich mahnst und glaubst
daß ich die Dinge genau wie du
sehen soll
und auch tu.

Jedoch
meine Augen sehen anders
und meine Seele fühlt eigens
auf daß ich das Leben
auf meine Art verstehe,
gestern wie heute
und auch morgen noch.

Wie ist es recht

indem ich mit Euch bin
in eurem Leben
und duldsam
sehe, fühle, liebe oder schweige
wenn ihr euch verrennt
und freundlich lächelnd
mit euch leide?

Soll ich vorher mahnen
nachher mit euch weinen
und Verständnis zeigen
wenn ihr fragt: „Was soll ich tun?"
und hofft auf ein Vergißmeinnicht?

Wäre es auch recht
wenn ich mich eines Tages liebte
soviel, sooft wie ich es mag
und mich nicht so sehr
um Euch verzehrte
Tag um Tag?

Altes Foto

von mir im Seidenkleid
mit dem Lachen
von damals
bei einem Glas Wein
mit Glück im Gesicht;
die Plagen und Sorgen
des kommenden Lebens
sieht man noch nicht.
Zeit ist gegangen
gewandert über Berg und Tal,
hat die Seligkeit verhangen:
Es war einmal!

                              *

Sich selbst genügt

Letztes Wochenende
war ich allein
mit dem Regen vor der Tür
im Frühling von Vivaldi
mit Schiller und Brecht,
mit Horowitz am Klavier
und der Sehnsucht nach dir
mit Vokabeln und Fabeln
Paletten und Farben
und dem Hund zu den Füßen
und glaub' mir:
Es war gar nicht mal schlecht!

Freundschaft

ein starkes Gefühl
im Vertrauen gegen Vertrauen
beruhigt, macht Mut;
Freundschaft tut gut
ist geteilte Freude und Trost im Leid
und man kann darauf bauen.

Freundschaft wächst langsam
wird mehr und mehr
fließt wie ein Fluß
durchs Lebensland
bis zum ewigen Meer.

Freundschaft hat Großmut
sie gibt, versteht und verzeiht
verknüpft mit ihrem Band
Menschen, Jahre und Leben
bis in ein fernes Land.

*

Etwas Schönes ist
ein gemeinsames Mahl
einfach und schlicht
mit guten Freunden
und Vertrautheit am Tisch

Kleine große Herzen

verschenken
die Liebe,
die ehrliche, wahre.

Sie erkennen
den Menschen
der sich zu lieben lohnt
trotz ihrer wenigen Jahre.

Sie schauen in unsere Seelen
fühlen wie wir sind
lieben uns ohne Wenn und Aber
bedenkenlos freiheraus.

Kleine Kinder
sind ohne Frage
im Lieben uns weit voraus!

Wiegenlied

Schlafe mein Herzchen
schlaf ein!
Der Mond
hat einen silbernen Schein
das Vöglein schläft
schon im Baum
träum einen süßen Traum.

Ein Sternlein leuchtet
in der Nacht
ein Englein
hält bei dir Wacht.
Schlaf ein
mein Herzchen
schlaf ein!

*

Kinderträume
werden wahr
manchmal
und vielleicht
weil sie so fest
an das Unmögliche
glauben
auf das Gute
hoffen
und das Einfache
lieben.

Ich will da sein

und dich begleiten
auf deinem Weg
will dich halten
wenn du mich brauchst
will teilen das, was ich hab
wie auch deine Freuden und Sorgen,
will schenken dir Geborgenheit!

Ich will da sein
wenn du nach mir rufst
will dir Wärme geben
und Hoffnung auf morgen
genug Ruhe und Zuversicht
den Glauben an dich
und mein Herz für alle Zeit.

*

Blau wie Kornblumen

sollen sie blühen
die vielen kleinen Dinge
die ich schon früh ausgesät habe
auf eurem kleinen Acker!

Rot wie der Mohn
mag die Erinnerung
darin flammen
aus Blüten der geschenkten Liebe!

Damit die Träume nicht vergehn

Laß mir die Freiheit
auch im Herbst manchmal noch
auf Frühlingswolken zu schweben
um am Horizont
einen rosaroten Himmel zu sehn!
Laß mich hin und wieder
in Rosenduft schwelgen
und die Augen dabei schließen
damit die Träume nicht vergehn!

*

Gelegentlich

nehme ich mir die Freiheit
und ziehe einfach in deine Seele ein
wie ein hungriger Falter
auf der Suche nach einem
süßen Honiggrund.

Amore d'estate

Quando la canzone d'amore
d'uccello estivo
sonave dal pini

Quando il vento mito
salivo sul mare, e suo canto
era sì soave negli cipressi

Quando maturava la pèsca
rossa-gialla e succosa-dolce
e pasanta era l'uvanera

Quando il sole serale
tramontava in colli azzuri
e il pastore andave alla casa

Quando erano dolce l'odori di rose
e in bicchiere era rosso il pastoso,
in giardino l'amore faceva una passegiata.

Übersetzung Amore d'estate:

Sommerliebe

Als das Liebeslied vom Sommervogel
aus den Pinien klang;
als der laue Wind vom Meer herauf
in den Zypressen sang;
als der Pfirsich reifte
rotgelb und saftigsüß
und schwer die Traube hing;
als die Abendsonne
in die blauen Hügel sank
und der Hirte heimwärts ging;
als süß waren der Rosen Düfte
und rot im Glas der erdige Wein
ging die Liebe spazieren im Hain.

Mit der Sehnsucht

im Wind geflogen
auf der Suche
nach neuen Ufern
mit den Kranichen gezogen
zu wilden Wassern
und grünem Gras;
Menschen gefunden
klar wie die Wasser
sanft wie die Seele
    in mir.

Mit der Sehnsucht
im Herzen geflogen
auf der Suche
nach alten Ufern;
konnt' sie nicht finden
die frohen Gesichter.
Illusionen vergoren
hab' das Heimweh verloren
und die Sehnsucht entdeckt
nach meinem Ufer
    in dir.

Zurückgefunden

Die Mandelbäume
blühten schon im Garten
und die Magnolie am Hang
als ihr gingt.

Die Rosen
und der Lavendel
waren schon verblüht
als ihr wieder erschient.

Ihr seid im Schnee
übers Jahr geblieben
um euch in einer Winternacht
neu zu verlieben.

Der Abschied vom Sommer

ist nah.
Noch blühen
die Gärten, die Wiesen
und die Rosen
in mir
und ich hör noch
die Flöte des Pan.

Noch
schmeckt der Sommer süß.
Doch im Herbstregen
werden die Farben der Liebe vergehen
erlöschen die Feuer des Mohns
und auch unsere Träume.
Doch noch
neige ich mich zärtlich
der Sonne entgegen.

Eine kleine Nachtmusik

Kapitel II :

Zeitgedanken

*

Er-Lebensgefühl

Was nützt es uns
wenn wir die Bilder
die unsere Augen
im Lauf der Zeit sehen
in Kopf und Herz
nicht verstehen?

Änderung in Sicht?

Wieviel änderte sich mit der Zeit
in den Köpfen und Herzen der Menschen
zwischen den hungrigen Jahren
und dem satten Jetzt?

Wie weit liegt die Bescheidenheit zurück
die Zufriedenheit mit dem Nötigsten;
und wie hoch stapeln sich seitdem
die nimmersatten Wünsche
zuguterletzt?

Wie weit geht der Mensch
für seine Wünsche im Ehrgeiz fürs Ich;
wie schnell wächst der Hochmut
und das Alles-andere-ist-doch-egal
im Wettstreit des Lebens
und der Moral?

Wurzelwerk

Vorbei ist die Vergangenheit,
verblasst ihre Blüte.
Aber die Wurzeln
die darin gewachsen sind
haben sie überlebt
und geben unserem Stamm
in den Stürmen der Gegenwart
Standfestigkeit.

*

Zu leicht

suchen wir die Vollkommenheit
bei den anderen.
Wir bieten unsere Unzulänglichkeit
dagegen und vergessen
über den Handel,
daß das Leben
jeden geformt, geprägt,
und mehr oder weniger
fein geschliffen hat
im zeitlichen Wandel.

Für immer

Menschen und Begegnungen
Arbeit und Sorgen
haben ihre Runen
in jede Rinde gezogen
mehr oder weniger
liebevoll, schmerzhaft
dauerhaft gebogen.

Nie und nimmer mehr
wird sie wieder
glatt und fein
frisch und ebenmäßig,
im Kern ganz unbeschädigt
der Anblick unbekümmert
und natürlich sein.

Die Wellen der Zeit

kommen und gehen
an den Ufern der Menschen
tagein, tagaus.
Sie wiegen sanft und wild
toben und brausen
nehmen mit und tragen hinaus
überschwemmen Ufer
bringen Sorgen und Leid:
die Wellen der Zeit!

Sie tragen auch an Land
bringen neue Hoffnung
und Freiheit zu leben,
machen verwegen
in Freude und Lust;
sie lassen auch vergessen
heilen Wunden, helfen gesunden
in allem Leid:
die Wellen der Zeit!

Glaubst du

an den Frieden
unter den Menschen
auch bei denen
die davon reden?

Glaubst du
an die Liebe
die versprochen wird
und nach der
wir uns alle sehnen?

Glaubst du
daß du selbst
immerzu bereit bist
Liebe und Frieden zu geben?

Umso mehr, umso weniger

Umso mehr der Mensch hat
umso weniger stellt es ihn zufrieden

Umso mehr er geliebt werden will
umso weniger vermag er selbst zu lieben

Umso mehr Vollkommenheit er verlangt
umso unvollkommener ist er selbst

Umso mehr Recht er glaubt zu haben
umso weniger objektiv kann er denken

Umso mehr Beachtung er sucht
umso weniger wird er geachtet

Umso mehr er von sich zu geben vermag
umso weniger wird ihm zurückgegeben.

Sag, wann begreift man

das Leben
mit Geben und Nehmen
im Miteinander und Füreinander,
das Verlieren, Verirren
ins Durcheinander
und all die vielen
breakouts und comebacks
irgendwie, irgendwo?

Sag, wann
ist man endlich soweit,
Rechtes und Ungutes
beizeiten zu sehen
bevor es schon unumgänglich
ungenützt, mißverstanden ist
und die Fehler geschehen
so oder so?

Der Augenblick

ist dein!
Er wird dir täglich, stündlich
neu gegeben;
er ist dein Heute, dein Tag,
an dem es gilt zu leben!

Bleib nicht im Gestern stehen!
Es ist vorbei, gelebt,
nicht vergessen, nicht verloren;
und das Morgen
ist noch nicht geboren!

*

Hast du schon

für heute
an deinem Webwerk Erdenleben
die Fäden sortiert, platziert
und geknüpft,
auf daß dein Teppich
schön und stark genug werde
für den Flug,
wer weiß wann
in tausendundeiner Nacht,
zu den Sternen
jenseits der Erde?

Schließ nicht die Augen

vor dem, der auf dich hofft
und dich braucht zum Überleben,
auch nicht vor dem
der dich liebt und begehrt!

Auch du bist ein Mensch
mit Bedürfnissen, Sehnsüchten
und brauchst andere!
Das Leben selbst
hat es dich gelehrt.

*

Freiheit

ist ein schwergewichtiges Wort
und ein vielbedeutendes
im täglichen Miteinander
im Vertrauen
zu zweit.
Freiheit
bringt Freude mit sich
und oftmals auch Leid.

Freiheit
ist ein sehnsuchtsvolles Wort;
dafür zu kämpfen
ist jeder Einzelne bereit
und ganze Völker weltweit.

Lebensgesichter

sind mit und ohne
Vollkommenheit
und mit Augen
glasklar oder matt.
Lebensgesichter
sind vielsagend.
Ihre Narben
erzählen die Vergangenheit.
Lebensgesichter
bekommen Falten
wenn sie in den Jahren
die Welt mitgestalten.

*

Selbstherrlichkeit

Wie herrlich ist doch
die Selbstherrlichkeit
in der sich manche bewegen
so klug, so stark, so überlegen!
Denken sie
wir sähen sie mit ihren Augen
und bemerkten ihre Schwäche nicht,
wir Dummen aus dem Leben?

Die Profis

Hell leuchten
die Glorienscheine
der Heuchler
in unserer Welt
und stellen
mit Glanzleistungen
das verhaltenere Wahre
in den Schatten.

*

Laßt uns wollen

wir zu sein
und den Mut zu haben
zu dem zu stehen
was wir lieben
oder nicht mögen,
was wir denken
und auch wünschen,
was wir taten
und was wir tun!
Ansonsten
werden wir
am Ende noch
gegen die Wahrheit
immun.

Ein wenig Distanz

Mit offenem Fenster
und Herz
leben müßte man können
ohne bloßzuliegen
und getroffen zu werden
von draußen!

Auch die dünnste Wand
und sei sie wie Glas
durchsichtig und zerbrechlich,
bringt ein wenig Distanz
und steckt Grenzen
nach außen!

*

Recht haben

die meisten.
Es ist oft eine Frage der Stärke.
Der Kampf ums Recht
beginnt schon früh in Kinderzeit,
ist im Kleinen wie im Großen
eine Härteprüfung.
Er vollzieht sich überall, weltweit
von Jung bis Alt
und ist de facto
eine Zermürbung.

Toleranz

als Brücke
zwischen
der Liebe und der Abneigung
dem Schönen und Unschönen
dem Angenehmen und Unangenehmen
des Hochmuts und der Demut
des Großmuts und der Kleinlichkeit
der Herrschsucht und der Güte
der Wahrheit und dem Recht.
Toleranz als Brücke
zwischen dem Absoluten;
denn selbst mit ihr allein
lebt es sich nicht schlecht!

*

Taktgefühl

hat der Mensch
oder auch nicht.
Ein Erlernen
ist meist vergebens.
Auf dem Platz, wo es fehlt
türmen sich mit der Zeit
die vielen Fauxpasses
die kleinen Blamagen
im Laufe des Lebens.

Ein jeder von uns

hat seine Schwächen
denen er
immer wieder mal unterliegt
und Unebenheiten
die vielleicht er im Hochmut
aber manch anderer nicht
an ihm übersieht.

*

Fades Urteil

Da hat sich doch jemand
der dein Leben nicht gelebt hat
in guten wie in schlechten Zeiten,
ein Lebenstheoretiker,
der, wer weiß wie lebt
und den man leben läßt,
angemaßt
über dein Empfinden
zu urteilen!

Im Friedensbund

mit Millionen
laßt uns leben
als ein Glied
in der Kette
der Menschheit
und stark sein
damit sie hält
im reißenden Zug
unserer schnellen Zeit!

Gut, wenn wir uns
mitmenschlich
aufeinander verlassen
und uns rund um die Welt
von Land zu Land
an den Händen fassen!

Wer ist bereit

Wiedergutmachung zu zahlen
mit Menschlichkeit und Money,
wer, wo, wem und wieviel?

Wer büßt und bedenkt
das Töten, das Schänden
das Vertreiben, das Schinden
das Hungern, das Frieren
das sinnlose Zerstören?

Hoch ist der Preis
unbezahlbar längst
für alles Leid der Welt.
Doch die Kain-Abel-Geschichte
geht weiter.
Kein Stern am Himmel
von Bethlehem
der die Welt erhellt!

Schenk mir ein Stück von der Sonne

El Dios de los pobres
Du Gott der Armen
bitte, schenk mir ein Stück
von ihrem warmen, goldenen Mantel!

Hinreiten werde ich über die Berge
und schwimmen durch alle Meere
ehe sie untergeht am Ende der Welt
mit dem schnellsten Hengst aus der Pampa!

Hoi, wird der Mantel glänzen im Flug
wie wird er leuchten und blenden
werde aufrecht darin schreiten und rufen:
„Hola, vivimos companeros, das Leben ist gut!

El Dios bueno, guter Gott,
so leihe mir ein Stück von der Sonne
para una dia, para una hora
für einen Tag, eine Stunde!

El Dios humano, menschlicher Gott,
schenke mir nur etwas Brot
sòlo un poco de pan
und dazu die Wärme Deiner Sonne
bitte, mein Gott, Dios mio, por favor!

Barrieren

standen einst
draußen im Feld
meilenweit im Band
aus Stacheldraht
Türmen, Mauern
und Vopos zum lauern.
Alles, alles ist fort!

Eines Nachts kamen sie:
die Menschen von dort
mit tausend kleinen Lichtern
in fester Hand
und schmolzen ein
den eisernen Gürtel
in stummem Protest
für glücklichere Gesichter
und die Freiheit
Ort für Ort
nach dem Motto:
„Go west!"

Barrieren

jedoch
gibt es immer noch
mancherorts und viele.
Sie enttäuschen, nehmen Illusionen
schränken Freiheiten ein
versperren Ziele

Barrieren
bauen auch wir auf im Streit
zwischen dem Hass und der Liebe
und stehen dann
dies- und jenseits davor;
doch man sieht sie nicht
im Land der Gefühle!

Unterwegs

sind wir alle
im fahrenden Zug
durch die Zeit.

Wir reisen gemeinsam
über Berg und Tal
durch die Wetter der Welt,
und wenn er hält
gehen die einen
und andere kommen:
Wir sind Bekanntschaften auf Zeit!

Doch wir wissen nicht
wie weit unser Ticket reicht.
Irgendwann, irgendwo
auf einer Station
heißt es Umsteigen
in den Zug nach Ewigkeit!

Die letztendliche Frage

Auf der Suche
nach dem lohnenden Leben
für Wohlstand und Ehre
und immer mehr Glück,
in dem wir Kinder aufziehen
voller Hoffnung
auf ein gutes Leben
und ein Maximum an Jahren,
damit alles
über Generationen
Bestand hat,
und daß es Verdienste sind
die letztendlich
für alle und jeden
ein lohnendes Nachspiel haben -
doch dies- oder jenseits?
Das ist die Frage!

Überlebens-Kunst
für Caroline

Der Ernst des Lebens
hat dich eingeholt
mein Kind.
Aus deinem frohen Lachen
wurde manchmal ein Weinen.

Doch irgendwie
hältst du dir immer
ein Fenster zum Himmel offen
läßt Licht und Sonne durchscheinen.

Du hütest deine Kinder
achtsam wie eine Schäferin ihre Herde,
und bist glücklich
auf dem Rücken deiner Pferde.

*

Träume von gestern

Wo sind sie, die Träume von gestern
die im Nirgendwo strandeten irgendwo?

Werden sie je noch einmal landen
ausgewaschen der Illusion
und brauchbar in anderer Konzeption?

Das Riesenrad

unseres Lebens
dreht sich.
Es geht unaufhörlich
auf und ab.
Es soll sich drehen
damit wir
in allen Lagen sehen
lernen und verstehen.
Steht es mal still
tut es nicht gut;
oben bekommen wir Übermut
und unten verlieren wir
leicht den Mut.
Doch wir wissen:
irgendwann
wird es wieder aufwärts gehen.

Früh genug
für Jack

Du kommst spät, Sunny-Boy
aber früh genug
bevor die Träume sterben!

Lange hat die Geduld
an dem Faden gesponnen
der das Netz der Liebe verwebt.

Immerzu unterwegs
hast du Manches gewonnen
und Berge wie Täler erlebt.

Schön, daß Du da bist!
Komm, laß uns reden über das Leben
bevor dich der Wind wieder verweht!

*

Mahnende Erkenntnis

Daß das Leben einmalig ist
erkennt man irgendwann
oder mit fünfzig, sechzig Jahren.
Drum sollten wir uns gleich
und nicht mit siebzig erst
nach den guten Jahren
die wir uns noch machen wollten
fragen!

Herbst

Im Park auf den Bänken
saßen die Alten
im letzten Herbst
in der Zeit zwischen
zwei Uhr und fünf

Unberührt
vom hektischen Tagesgeplänkel
träumten sie, redeten von damals,
und ein paar von ihnen
strickten noch Strümpf

Manche saßen nur da
allein in Gedanken
und blinzelten stumm in die Sonne
hatten Zeit und blieben
bis die Schatten
von den Giebeln glitten

Am Abend gingen die letzten heim
langsam und gelassen
so wie der Tag war
und hatten begriffen
daß ihre besten Jahre
und der Sonnenblumen Zeit
war überschritten.

Plädoyer für Kinder

Kleine Schritte gehen
in eine große Welt.
Kleine Hände spüren
ob man sie ruhig hält.
Kleine Arme strecken
hoffnungsvoll sich aus.
Große Augen fragen:
bist du mein Schutz,
mein Haus?
Kleine Herzen fühlen
die Liebe der Geduld.
Kleine Seelen leiden
in roher Ungeduld.

Schon mal
an eigene Ängste erinnert
großer, starker, überlegener Mensch?

Ein kleines S O S

weht stumm
mit dem Wind
durch die Nacht,
wird überhört
von Menschen
und Lärm,
verliert sich
bleibt unbedacht.

Um die kleine Seele
hält die Dunkelheit Wacht.
Komm, Engel,
zünde ein Lichtlein an
und führe sie sanft
durch den unglückseligen Traum
in den Frieden der Nacht!

Aus: „Parnassus of World Poets 1998"
to be published in Madras/INDIA

In your land as in mine

is just blowing the wind
a child's laughing around
and also a pitiful crying
the lovely song of a mother
laments, shouts of joy
all over hallos and good-byes
again and again
the love's happiness
and the love's pain:
rain and sunshine
Catherine
in your land as in mine.

The wind is loaded
on his fly around the world
with longing-melodies, full of kisses
and wishes for luck
with calls for freedom
liberty and equal right
is also heavy of tears in sadness
because of human's coldness
and a lot of lies:
rain and sunshine
Moshe
in your land as in mine.

Free blows the wind
love-greetings over demarcation lines
carries prayers to heaven, hopes and desires
from all people of earth
puffs away promises and swears
oh, never mind –
sows flower-seeds out
blows rose-scent around
gives us the first breath
and takes our last:
rain and sunshine
Krishna
in your land as in mine.

Übersetzung:

In deinem Land wie in meinem

weht gerade der Wind
ein Kinderlachen umher
und auch ein klägliches Weinen
das liebliche Lied einer Mutter
Klagelieder, Lustschreie,
überall Hallos und Aufwiedersehn,
und immer und immer wieder
der Liebe Glück
und der Liebe Leid:
Regen und Sonnenschein
Katharina
in deinem Land wie in meinem!

Der Wind ist beladen
auf seinem Flug um die Welt
mit Sehnsuchtsmelodien
voll von Küssen
und Wünschen für Glück
mit Rufen nach Frieden
Freiheit und gleichem Recht,
schwer auch von traurigen Tränen
wegen des Menschen Kälte
und einer Menge Lügen:
Regen und Sonnenschein
Moshe
in deinem Land wie in meinem!

Frei weht der Wind
Liebesgrüße über Grenzen
trägt Gebete zum Himmel
Hoffnungen und Wünsche
von allen Menschen der Erde;
er bläst Versprechungen
und Schwüre fort,
mach' dir nichts daraus!
Er streut auch Blumensamen aus
weht Rosenduft umher
gibt uns den ersten Atem
und nimmt unseren letzten:
Regen und Sonnenschein
Krishna
in deinem Land wie in meinem!

Ingeborg Christ

Aus
„Dichtung aus aller Welt"
mit intern. Poeten
veröffentlicht 1998 in Madras/Indien

Wir in unserem Land

miteinander geborgen
werden täglich satt
und haben doch Sorgen,
frieren allein
und oft auch gemeinsam,
sind schwach, suchen Schutz,
und sind stark
im Eigennutz.

Wir führen kleine Kriege
um das Recht
und frönen der Lust
in Übersättigung nach mehr,
suchen Angenehmes
und Vollkommenheit umher,
um im Glück zu baden
unter immerfort wehenden
Frühlingsfahnen.

Andere in ihrem Land

leben oft unfreier
als in einem fremden,
mancherorts auch
frei wie im Paradies
doch im Vergleich zu uns, arm
an Wohlstand und Nahrung
an Recht und an Achtung.
Schmal wie dunkle Schatten
schreiten sie aufrecht
auch mit gebrochenem Herzen.

Sie weinen nach innen
erdulden stumm
Leiden und Schmerzen
wie ihre Ahnen
und gebären weiter
hungernde Kinder auf ihren Matten
und müssen sie bald wieder begraben.
Die Hoffnungsfahnen
sind vom Wind der Zeit zerfetzt!
Viele haben sich
ihrem Schicksal ergeben
und glauben: So ist das Leben!

Die Erde betet:

Herr, sieh nur die Menschen
wie sie Grabkreuze pflanzen
immer wieder irgendwo auf der Welt;
wie sie töten
mancherorts mit Bruderhand
und glauben
Rechtes zu tun
für die Macht
oder einen Streifen Land.

Herr, tausendfach höre ich
eine Mutter die weint
um ihr verhungertes Kind,
weil in meinem Boden
kein Samenkorn keimt.
Herr, hab Erbarmen!
Ich will untertan sein
auch für die Armen!

Und sieh auch die Vielen
die sich traurig umarmen,
Mensch und Tier aneinander gerückt,
wo die Nähe, die Wärme
das Glück ist der Armen.
Schenk Regen mir
laß Wurzeln wachsen
wo der Acker bestellt
und hilf, daß er nicht
in Katastrophen zerfällt!

Herr, laß mich weiter dienen
dem Leben dieser Welt
und den Kindern von morgen!
Ich will ihnen schenken und geben
den Fisch aus den Meeren
den Mais, den Reis und das Korn
das Gras, den Wein und die Blumen!

Alles, alles, oh Herr, laß geschehen;
denn ich bin Dein!

Wenn die Sonne weint

und aus ihrem blutenden Herzen
heiße milchige Tränenbäche
herabfließen
in öde, staubige Erde
und in ein öliges Meer;

auf Trümmer von Wohnstätten
auf hängende Schultern
verarmter Menschen
auf klagende Mütter
und sterbende Kinder;

in trauernde Herzen
verzweifelter Wesen,
auf verdörrtes Gras
und vertrocknete Bäume
ohne Leben...
dann
wärmt sie nicht mehr!

Es gab Zeiten

da war auch bei uns
der Tisch nicht so gut gedeckt
wie heute
und selten mit den Dingen
die verwöhnen.

Mit am Tisch saß
die Dankbarkeit
neben der Bescheidenheit
und sprach das Tischgebet,
um die Wünsche mit der
Zufriedenheit
zu versöhnen.

Die kleine Geschichte
Es war einmal…

eine andere Zeit
die der Improvisationen
um allein oder zusammen
in der Not zu überleben.
Der Krieg
hatte jeden geschliffen
und so hatten
die Menschen begriffen
daß es in einer schweren Zeit
nur gemeinsam weiterging
in einem Geben und Nehmen
in Bescheidenheit!

Der Krieg im Land
hatte Ängste gebracht, Arbeit und Sorgen
in allen Familien
einsame Hoffnungslichter flackerten in der Stille
wenn die Zurückgebliebenen
am Ofen aneinandergerückt, miteinander geborgen
saßen, und müde arbeitende Frauenhände
an etwas Warmem strickten
die Alten ihre Geschichten erzählten
und der Bratapfel duftete aus dem Rohr,
war es sogar Idylle!

Eine Idylle in Ergebenheit und Not!
Ob arm oder reich, jeder war gleich.
Zufrieden war, wer ein Zuhause hatte
war es auch nur ein Zimmer
für die Familien, und die vielen
die obdachlos kamen
und zu Freunden wurden
zwischen Trümmern und Ruinen.
Es wurde gemeinsam geboren
in den Kellern auf Stroh
und gestorben - wer weiß wo -
in ein besseres Leben
im himmlichen Reich.

Im Singen der Bomber
liefen die Frauen einst, alle gleich,
mit einem Überlebensbündel
und fliegenden Kindern an der Hand
zwischen krachenden Granaten
die brennend alles zerfetzten,
saßen in den Bunkern an der Wand
eng zusammen arm und reich
betend ums Überleben
für ihre Kinder, sich selbst
und die Väter
vertrieben an die Front
des großrussischen Reichs.

Es wurden immer weniger
Väter und Söhne
und Liebesbriefe von der Front
in Sehnsucht endend mit einem Kuß.
Zarte Hoffnungen schwanden
zerbrachen wie Glas.
Übermenschliche Kräfte entstanden
um alles allein zu schaffen,
Unmögliches und kleine Wunder
dennoch möglich zu machen
im Höchstmaß
für ein besseres Leben
und das der Kinder am Schluß.

Die Tage waren hart
die Nächte dunkel und bang
zum Träumen und Trauern keine Zeit
nicht einmal zum Weinen.
Nachts oft ein leiser Ruf, ein Klopfen
draußen aufs Fensterbrett:
Fremde kamen mit Bündeln und kranken Kindern.
Drinnen rückten sie zusammen,
legten die Kinder zu den eigenen ins Bett,
saßen in der Stube gemeinsam am Tisch
teilten das karge Mahl und die Enge;
es störte keinen.

Draußen vor der Tür
in dunkler Nacht
in der so Vieles geschah
hielt, ihm sei gedankt,
der treue Hofhund Wacht.
Er bewachte das Haus
und die Kinder dazu
beim Sammeln von Holz,
von Eicheln für einen Kaffee
und Bucheckern fürs Öl,
auch beim Pflücken von Beeren
weitab in den Wäldern;
er war da und gab acht!

Sie pflückten Blumen
in verminten Wiesen
schnitten Brennessel fürs Mittaggemüse
suchten Wegerich für Umschläge
und Kamille für den Tee
pflückten schwarzen Holunder
für den Fiebertrunk;
es gab für alles ein Mittel
bei jeglichem Weh!

Der Krieg ging zu Ende
doch die Menschen blieben arm
und alles einfach und bescheiden.
Kinder schrieben auf Schieferbruchstücke
malten auf Zeitungsrand,
spielten mit Knöpfen statt Figuren
auf Pappe Mensch-ärgere-dich-nicht
Murmelrollen durch den Sand
und vergaßen die Leiden.

Die Mädchen hatten handgemachte Puppen
mit selbstgestrickten Kleidern
und plumpe Stoffbälle aus bunten Resten
sprangen über Seile in Durchhalteproben
und die genähten Röcke flogen
über die kratzigen gestrickten Strümpfe
bis hinauf zu den Bändern der Einheitsleibchen
während irgendwo die Buben
verstohlen nach den Mädchen schielten
Mutproben machten, sich rauften
oder Mundharmonika spielten.

Es gab kein Taschengeld
für eine kleine Süßigkeit.
Zu kaufen gab es nur das
was die Menschen nötig brauchten;
manchmal wurde ein Bonbon geschenkt.
Kalt waren die Winter, hoch der Schnee;
es wurde geschaufelt, schmal und breit,
und immer wieder Holz gehackt
damit die Schornsteine rauchten.
Frostbeulen juckten in dünnen Schuhen
die sofort naß waren und steif gefroren.
Aber sie war schön: die Winterzeit!

Und wenn Weihnachten kam,
der Teller mit eigenem Gebäck dastand
und der festliche Baum über der Krippe
sangen sie die Lieder und
hielten ein bescheidenes Geschenk
in der erwartungsvollen Hand.
Es war mit Mühe und Liebe
von der Mutter selbst gemacht
aber nie das, was in dem Brief
an das Christkind stand.
In dieser Zeit wurde die Zufriedenheit
neu geboren, und die Freude
in der so geheimnisvoll schönen
Heiligen Nacht, in der ein Christkind
das Geschenk gebracht!

Im Jahrhundertsturm

friedloser Zeiten geboren
nebenher aufgewachsen
in Entbehrungen
Ängsten und Schrecken
in Sehnsüchten verloren:
Irgendwie gelebt.

Die Schatten verflogen:
Überlebt!

Irgendwann
wieder Morgenröte erleben
neuen Horizont entdecken
die Sonne des Lebens genießen
um selbst auch dann
dem Leben genug zurückzugeben.

Aus dem Gleichgewicht

Umso satter
wir werden
nach außen hin
umso hungriger
werden unsere Seelen
nach Zufriedenheit
und Glück.
Wir sehnen uns danach
aber können nicht zurück.

Wind der Zeit

Ich habe den Wind gehört
draußen im Land
da, wo einst Farah wohnte.
Er sang das Klagelied
einer Prinzessin
in tausendundeiner Nacht
die hinter Mauern
den Gobelin
für ihren fremden Bräutigam webt.

Ich habe den Wind gehört
in der fernen großen Stadt.
Aus offenen Fenstern
klang das frohe Lied
einer schönen, jungen Frau,
die mit freiem Herzen
und offenem Haar
ihrem Herzallerliebsten
entgegenschwebt.

Wirbelstürme

Achmed spielt Schifferklavier
Nikolaj bläst Trompete
Paolo das Alphorn hier
und Suleika tanzt Bossanova mit dir

Lucy kocht Bayerischkraut
Katharina Crèpes provencial
Mareike macht Spätzle mit Kas
und Antje Lasagne original

Leòn trägt Bermudas in Moskau
Isabella fast nichts im Maxime
Franz Xaver Sombreros in München
und Amina kein Kopftuch mehr
in Berlin.

Auf der Suche

nach dem Paradies
kommst du in mein Land.
Es mag in deinem Vergleich
paradiesisch sein,
denn es ist gut
und schön wie auch das deine,
aber oft täuscht der Schein.

Überall
verwehen unerfüllte Wünsche
trägt der Wind schöne Träume
und Gebete zum Himmel
voller Hoffnung
auf einen besseren Morgen
treibt er dunkle Wolken fort,
läßt wieder Licht durchscheinen
trocknet Tränen, hilft Seelen heilen:
in deinem Land wie in meinem!

Rosen für den Frieden

Die Rosen blühen wieder
in meinem Land
im Frieden.
Doch sie blühen nicht
überall auf der Welt
zwischen Kriegsruinen
und wollen nicht gedeihen
in Ängsten und Schrecken.

Blutrote Knospen
verschließen das Sehnen.
Langsam testen
ihre zaghaften Herzen
Sonne und Schatten
und warten darauf
sich geöffnet
gen Himmel zu recken.

Haben wir verlernt

den Wert
das Gute und Schöne
und die Wichtigkeit
der kleinen Dinge
zu sehen
über die großen
die uns heute
wichtig erscheinen?

*

Die Welt
ein Taubenschlag

Ch. '12

Kapitel III :

Impressionen

*

Ansichtssache

Jeder sieht
die Welt
auf seine Weise
mit mehr oder weniger
intellektuellem
intuitivem
oder
logischem Denken.

Ich hab den Wind belauscht

an einem Tag im April.
Er sang das Lied aller Zeit
von Freude und Glück und von Leid.

Er sang schon ein Sommerlied
von Sonne und blühenden Rosen
von Liebe und von Liebkosen.

Heute ist er ruhig und sanft.
Er flüstert leise
und erzählt von seiner weiten Reise.

Doch gestern brauste er
unbändig wild, bog die Bäume
und zog in der Nacht durch die Träume.

Erst gegen Morgen schlief er ein
unter einem Himmel voller Sterne;
ich sah es im Schein der Laterne.

Morgen, sagt man, wird er weiterziehn
über die Länder meilenweit
in seiner Unermüdlichkeit.

Das Lied der Amsel

Ich höre sie gern
die Amsel
wenn sie frisch und froh
mit ihrem Morgenlied
den Tag beginnt
und es am Abend
in die Stille klingt.

Zufrieden sitzt sie da
auf ihrem Baum
nach des Tages Flügen
und ruht
wenn die Sonne sinkt
und alles still wird
und auch in mir
nach allen Mühen.
Das Lied der Amsel
tut mir gut!

Der alte Baum

Er lebt noch immer
dieser alte Baum
da das Jahrhundert geht,
hat sein Schicksal angenommen
das der Himmel dreht.

Es weht der Wind
den er schon lange kennt
hindurch und wendet
seine Blätter grün und gelb
bis hin zum Saum.

Sie zittern, aber halten fest
und dann im Sonnenglanz
vergolden sie
die jungen Blätter
von dem alten Baum.

An unsere Insel Lindau im Bodensee:

Wenn die weißen Nebelwolken
aus dem Wasser in die Berge steigen
und die Wintersonne eines Abends
in der Frühlingsnacht versinkt
beginnt am anderen Morgen für dich das Leben.

Du bist wach geworden nach dieser Nacht
beginnst zu grünen, dich zu schmücken
lebst auf in dir, regst dich in allen Gassen
läßt dich von sanften Wellen
streicheln und umfassen.

Dann lockst du die Menschen
die aus vielen Ländern kommen,
lädst sie gastlich ein in die Hotels
in Restaurants und Straßencafès
läßt sie bummeln durch deine Gassen
und bewundern deine alte Schönheit
denn: die Saison hat begonnen!

Die Entenscharen sind da

von ihrem Flug aus dem Norden
und mit ihnen kommt der Winter.
Ihr Flug aus Finnland
und dem Norden Rußlands
war weit und schwer;
sie fallen in den See herab
lautlos und müde aus dem Wolkenmeer.

Sie schlafen eine Zeitlang
mit Abstand vom Ufer in der Bucht
wo sie niemand weckt,
lassen sich von den Wellen wiegen
und schlummern im Herbstnebel
der sie bald bedeckt.

Erst im lauen März
kommt wieder Leben in die Schar
und sie beginnen zu kreisen
und steigen im ersten Frühlingsschein
zum Himmel, wenden sich
dem Land ihrer Heimat zu und tauchen
ins Meer der Sonnenstrahlen ein.

Morgen am Lago Maggiore

Nach dem Regen in der heißen Nacht
liegt angenehme Frische
in den Pinienbäumen.
Der alte Feigenbaum und die Palmen
schütteln die gewaschenen
Blätter und Wedel ab
und das Gras unter ihnen
reckt sich langsam hoch
als habe es noch nichts zu versäumen.

In der Morgendämmerung
erhebt sich die aufgehende Sonne
aus den Bergen der Erde.
Müde noch gähnt sie
und haucht einen rosigen Farbendunst
auf den See um die Isola Bella.
Dann steigt sie langsam empor
auf ihren Platz am Himmel
und verkündet dem neuen Tag:
„Es werde!"

Lago Maggiore
2009

Intra

Am Ufer empfängt uns
die Madre d'Intra –
die Mutter der Stadt
als unser Schiff in den Hafen einläuft.

Schon von weitem grüßt sie
und die grüne Kuppel des Doms.
Wir kehren ein, sind willkommen
in den alten Gassen
und kleinen Läden
erdfarbiger Häuser
und fühlen uns eingeladen.

Überall gibt es einen Platz
für einen Kaffee unter den Arkaden
und eine stille Bank
auf den langen Uferpromenaden.

Intra
Lago Maggiore
2007

Als das
    Leben am See
        begann

nach dem Lärm der großen Stadt
und der Unruhe der Jahre,
nach den zurückgelegten Meilen
fern der Heimat an den Ufern des Sees

pochte manches Mal
die Sehnsucht nach Vertrautem an die Tür
waren die Stimmen der Lieben so nah
und Zweifel schlichen herum
in den Wenns und Aber der Erinnerung.

Doch du und ich zusammen
pflanzten unser Bäumchen am Ufer des Sees
tränkten es mit Hoffnung und Sehnsucht
gaben den Bergfrieden vom Säntis dazu,
und so wuchs es in eine neue Heimat
wie ich und du.

Aus 1988

Komm, Sommerwind

und mache
das Leben wieder schön
und laß in deiner Wärme
die Rosen für uns blühn!

Die Rosen und die Liebe
im Tal der Nachtigall
im Gras der Bergeswiese
im Sommerland am See
und überall!

Komm, Sommerwind
geh mit uns wandern
hinauf in Bergeshöhn
die Sehnsucht steckt im Rucksack
du bläst sie fort
im Sturm des Föhn.

Hallo, du

Hallo, du
kleines Meer
ich lieb' dich
ganz besonders
wenn du in der Sonne
ruhig daliegst
dich im Silberglitzern sonnst
und mich in sanften Armen wiegst!

Aber ich mag nicht
deine unberechenbaren Launen
die plötzlich die Sturmlampen
an den Ufern anzünden
bei Nacht die Fischerboote
und am Tag die weißen Segler
in die Häfen jagen
um deine wilden Wellen
rauschend an die Ufer zu schlagen!

Lindau:
Die Insel und der See

Deine Wellen schlagen
manchmal hoch und wild
und du gebärst dich
wie ein kleines Meer
das unserer eitlen Insel
eine stürmische Liebeserklärung
machen will
auf überschäumende Art.

Du versuchst es
mit Umarmungen
oder legst dich ihr zu Füßen,
still, sanft und zart,
glitzerst und lockst
und betörst sie
mit plätscherndem Geflüster
Tag um Tag.

Frühlingserwachen in Meran

Blauer Himmel
ist über den weißen Bergen
unten im Tal dagegen
recken sich tausende Blumen
in Gelb und Rot
unter weißblühenden Bäumen
der wärmenden Sonne entgegen.

An der Kurpromenade
und in den Gärten
von Schloß „Trauttmansdorff"
haben sie dem Frühling zum Empfang
einen bunten Teppich ausgebreitet.
Schlanke Zypressen wiegen sich
wenn er im lauen Wind
darüber schreitet.

Meran, im Frühling 2005

Heimatland

Meine Gedanken
schlagen manchmal einen Spagat.
Sie fliegen mit den Vögeln
auf und ab über die grünen Hügel
und blühenden Rapsfelder
meiner Heimat.

Sie pflücken Blumen
im bunten Wiesengrund
wandern zu Kapellen und Seen
durch Buchen- und Eichenwälder
und lauschen dem Rauschen
der Winde, die dort wehn.

Sie trinken aus glitzernden Bächen
wogen im Eifelwind
durch ein Weizenfeld
und überfliegen noch einmal
das Land meiner Zeit
bevor sie zurückkehren
ins Hier und Heut.

Spanische Träume
mit Marlene

Einmal
ginge ich mit dir
den weiten, weißen Strand
in La Mata am Meer entlang.
Einmal saß ich bei dir, redend, lachend
im Wintersonnenschein,
Mappi träumte, das Glöckchen bimmelte
auf dem Marktplatz nebenan.

Wir pflanzten Blumen
auf deine sonnige Veranda
fuhren zu den Seen der Flamingos
und nach Süden runter bis La Manga.
Wir gingen durch den Palmengarten
im schönen Elche
warfen Münzen in den Brunnen
und bewunderten die Blumenkelche.

An einem Sonntag fuhren wir
durch Orangenhaine in die Berge
im Wintersonnenschein
zum Wildschwein-Essen
auf geschmorten Früchten und Maronen
in fröhlicher Runde
bei spanischem Wein.

La Mata/Costa Blanca
Februar 2000

Zaubernächte am Comer See

Wenn die Sonne
hinter den Hügeln
von Bellagio versinkt,
und das Licht des letzten Schiffes
nach Cadenabbia übers Wasser blinkt,
wird es still in den Gassen
im Hafen und auf dem See.

Wenn dann die Dunkelheit beginnt
zündet der See seine Lichter an.
Aus den Dörfern an den Hängen
fallen sie in langen bunten Fahnen
herab in den stillen See
schwimmen darin und schimmern
zauberhaft schön.

Jene Abende sind fast zu schade,
einfach schlafen zu gehn!

Cinque Terre

Schön sind in Portofino
die Häuser in Terracotta
an der Piazza, in den Gassen
und die Yachten im Hafen.
Doch wir wollen gerne
mit Freunden wandern
von einem Ort zum andern
auf weiten Pfaden in den Bergen
mit dem Meer zu Füßen
und dem Blick in die Ferne.

Wir wollen überall
durch kleine Dörfer gehn,
mit alten verwitterten Häusern
gebaut an Felsen und Hang
und seit Urzeiten bewohnt.
Wir möchten gern
durch ihre Gassen gehen
bei ihnen essen und trinken
und versuchen
das Leben dieser Menschen
zu verstehen.

Wir sind weit gegangen,
haben angehalten in Riomaggiore
in Corniglia, Vernazza und Manarola
wo sich auf engstem Raum
die Häuser stapeln
auf einem Felsvorsprung im Meer
man glaubt es kaum
wie es sich hier leben ließ
als alles angefangen.

Wir wanderten auf der Via dell'Amore
genossen Schönheit und Sonne
den ganzen Tag
und wilden Oleander am Pfad
hier Lavendel-, dort Rosmarin-Düfte
und unter uns lag
das blaue Meer
als ein italienischer Traum
rings um uns her.

Cinque Terre
2000

Mallorca-Entdeckung   1999 + 2000

Wir kamen aus dem Winterwind
und dem Schnee,
um den Frühling zu suchen
und fanden ihn
auf einer südlichen Insel
unter blühenden Mandelbäumen,
Palmen und gelben Blumen
in grünem Klee.

Die Luft war lau
und die Sonne schon warm;
ich spürte ein Wohlgefühl in mir.
Auch dir tat's gut:
die Wärme, das Grün,
das Heraus-aus-dem-Alltag
und du sagtest:
„Hier bleiben wir!"

Wir blieben lange,
denn wir hatten Zeit
und erkundeten das Inselleben.
Das Land war schöner als gedacht
und groß und weit
vom Cap de Formentor
bis zu den Windmühlen im Süden.

Wir besuchten in den Bergen
das Kloster Lluc und beteten
bei der Schwarzen Madonna,
aßen Mandelkuchen in Banyalbufar
in einem Dachcafè
mit freiem Blick übers Meer.
Wir fuhren herab zu der in Felsen
gebetteten Bucht Sa Calobra
und sie gefiel uns sehr.

Wir hörten Chopin
im Kloster von Valdemosa,
wanderten über die Berge
zu wilden Küsten und weißen Stränden
aßen frische Orangen in Sollér
gegrillte Fische in Canyamel
und schlürften grünen Hierbas
an den Küsten von Cala Ratjada.

Wir gingen durchs stille Bethlehem
und oft an der Costa de los Pinos,
bewunderten große Bananenblüten
und jeden exotischen Garten,
stiegen in die Höhlen von Porto Cristo
bummelten über Märkte
und durchs schöne Palma
bis wir uns auf den Heimweg machten
und der schönen Insel Adiós sagten.

1999 + 2000

Die Garda-See-Sonne erwacht

Heute hat die Sonne verschlafen.
Dabei wird sie von allen erwartet:
von den Menschen in den Strandcafés,
die beim Cappuccino sitzen,
von denen am Gelati-Stand
und denen auf Yachten und Ausflugsschiffen.

Auch von den Blumen, wie den Bouganvillen,
die noch ein wenig frösteln von der Nacht,
von den Rosenknospen, die sich öffnen wollen,
von den Orangen und Zitronen,
und auch von den Oliven,
die noch reifen müssen.

Erst am Vormittag erwacht sie
oben im steinernen Bett des Monte Baldo.
Sie schaut erst zaghaft drein;
doch bald schon legt sie alles
von Riva bis Sirmione in einen gleißenden Schein.

Limone, Lago di Garda 2007

Der Wind von Torbole

Wild braust die Ora,
der Südwind nach Norden,
für die Surfer von Torbole,
die sich in der Bucht von Riva jagen.

Wir sehen ihnen zu
wie ihre bunten Surfsegel
über das Wasser rasen,
stehen am Strand in warmen Jacken,
denn die Sonne ist schon
in den Bergen der Brenta
schlafen gegangen

Torbole 2003

Wenn in Riva der Abend beginnt

Still liegt der Hafen von Riva.
Schiffe und Boote liegen vor Anker
und die Menschen sind heim.
Ruhe kehrt ein, auch in den Straßen;
die Unruhe des Tages
ist vergangen.

Auf der Uferpromenade und in den Gassen
leuchten die Lichter
und am Himmel der runde Mond,
wolkenverhangen.

Unwiderstehliche Essensdüfte
aus den Restaurants laden ein
und drinnen auf den gedeckten Tischen
roter Wein
und du weißt:
La sera Italiana - der italienische Abend
hat angefangen.

Riva 2007

Am Ufer von Lugano

Bunter Mohn
blüht an den Ufern
des Lago di Lugano.

Still ruht der See
an der Stadt voller Leben,
in der die Schönheit wohnt,
ob arm oder reich - und l'amore!

Ein Schwan fliegt auf,
flattert über den See
nach Porto Ceresio
verschwindet im weißen Dunst
am Monte San Salvatore.

Lugano 2005

Ab und zu Wien

auf der Kärtner und dem Graben genießen
im Demel oder Café Landtmann sitzen
beim süßen Palatschinken und Kaffee
mit heißer Schokolade in den Tassen;
ins Sacher zur Sacher einkehren
und ins Stadtcafè
um in Ruhe die Zeitung zu lesen;
im Grinzing beim Heurigen sein, und
am Abend im Konzert die Augen schließen;
Sorgen loslassen üben
um die Genüsse zuzulassen.

Es wäre schön,
ab und zu bummeln zu gehen:
zur Hofburg und den Lipizzanern
in die Kaisergruft und in den Burggarten,
zum Rathaus, zum Naschmarkt
und in den Stephansdom.
Wir könnten uns die Mozartstuben ansehen,
wieder die Karlskirche
und die Staatsoper besuchen;
und wenn es dunkel wird
die Lichterstadt bei einem Abendessen
von hoch oben aus dem Donauturm sehen.

In die Wachau würden wir fahren
nach Melk, Dürnstein und Krems;
und hinaus zum Neusiedler See
zum Schwimmen und Essen
bei rotem Zweigelt-Wein;
in Wien die kreativen Einfälle
vom Hundertwasser sehen,
im Schloß Bellevue nochmal sein
und in Schönbrunn
bis zur Gloriette auf Sissis Spuren gehen,
und abends ins Theater an der Wien.

Im Grinzing würden wieder
die Zigeuner-Geigen schluchzen
live in natura.
Wir führen hinaus bis nach Budapest
und wanderten im Burgenland
durch die Puszta.
In die weinverlaubten Gärten
kehren wir wieder ein
essen frischgebackene Fische
zu krustigem Brot
und grünem Veltiner Wein.

Einmal wieder dort sein
wo die Storchennester
auf den Strohdächern sind,
Maiskolben und Paprika
über den Toren hängen
und der Wind von der Puszta singt.

Puszta-Abend

Es klangen noch
die ungarischen Lieder
aus der Puszta
durch den Abendwind
als wir auf den Schilf-Pfaden
nach Hause gingen.

In der Ferne standen die
dunklen Silhouetten der Pferde
am Puszta-Brunnen;
rotversunken lag die Sonne im See
und der Mond stand am Himmel:
Erinnerungen auf immer,
auch wenn die Jahre vergingen!

Illmitz, 1996

Grüß den Dom

in der Heimatstadt Köln
und zünd ein Lichtlein an!
Geh durch die Hohe Straße und zum Alter Markt
und trink ein Kölsch beim Sion oder Früh
am Heinzelmännchen-Brunnen,
mal ins Hännesje-Theater zwischen den
Altstadthäusern,
in den Bieresel Muscheln essen,
ins Café Schmitz, Eigel oder Zimmermann,
oder setz dich in die Theaterkneipe bei 4711 nebenan!

Fahr nochmal durch die Stadt:
quer hindurch vom Königsforst
die Brücken über den Rhein
geradeaus ins Zentrum durch die Altstadt,
vom Neumarkt zum Rudolfplatz,
vom Bilderstöckchen zur Agneskirche und Ebertplatz,
die Ringe bis zum Barbarossa- und Clodwigplatz,
bis zum Stadion nach Müngersdorf bis Weiden
und mach eine Runde im Stadtwald, Jung'!

Nimm wie früher
dat Müllemer Böötche übers Wasser
zum Rheinpark und den Messehallen,
geh in die Flora und in den Zoo,
auch nochmal in den Gürzenich,
ins Theater und Konzert
der Philharmonie
und ins Museum;
Köln hat von allem viel,
das Programm wird dir gefallen
und es endet nie!

Trink und sprech nochmal Kölsch
in den Kneipen im Viertel,
verzäll mit ihnen und spiel Skat;
ess Himmel un Erd, Muscheln,
ne Portion Flöns oder Halven Hahn,
sing ein Lied aus dem Karneval!
Genieß die Gemütlichkeit, den Frohsinn,
die Offenheit und Herzlichkeit,
und grüß noch, vergiss sie nicht:
die Marktfrauen
von Nippes und Lövenich!

Am Schwarzen Meer - 1967

wehten nur die Fahnen frei im Balkanwind
als wir da waren und unbekümmert
am Meer vorbeigelaufen sind.
Weit und breit war der Strand,
überschaubarer, reiner und weißer
als die Politik im Land.

Blau war das Schwarze Meer,
zum Baden ein Genuß
in einem Frühling, der schon Sommer war.
Warm ging die Sonne auf im Orient,
lautlose Schiffe fuhren am Horizont daher
von der Krim zum Bosporus.

Es ging uns gut;
doch nicht allen im Land,
die Sehnsucht nach Freiheit
Wohlstand und Recht zog um,
flüsternd noch, fast unerkannt -
doch unsere Kinder spielten fröhlich
im Schwarzmeersand.

Es träumt unser Garten

Der Garten ruht;
nach des Sommers Fülle
ist er geräumt und leer,
aber immer noch meine Idylle.

Es blühen noch Dahlien und Rosen
in tieferen Schatten, warten darauf,
daß sie zu Sträußen werden
bevor ihre Blüten verblassen.

Trauben hängen noch ungeachtet
im Laub und Tomaten am Strauch,
das Schilf aber neigt sich und wartet
auf den ersten kalten Hauch.

Der Traum geht zu Ende; es hat geblüht,
langsam neigt sich das Jahr.
Die Amsel aber singt noch ein Lied
wie schön doch der Sommer war.

Köln, 1987

Herbst im Harz

Laubgeschmückt unsere Schuh
noch Sommersonne im Wind
der Hund schnuppert hinauf
ein Habicht oben schwingt
doch sonst ist Schweigen und Ruh.

Blaue Wasser zwischen den Hügeln
umrandet mit hohem Schilf
Waldpfade durchs Heidekraut
führen hinab und hinauf
und enden oft irgendwo wild.

Letzte Wacholderbeeren am Strauch
und Heidelbeeren am sonnigen Fleck
werden erfrieren im Kältehauch
denn Eisgräser blühen bald!
Alles wird in gefrorenem Nebel liegen
und silbern wird glänzen der Wald.

Harz
im Herbst 85 u. 86

Grenzpfade

sie sind still und lang
eng und wild bewachsen,
sind Heimat für ein scheues Reh
das schnell verschwinden kann.

Ich geh sie oft und seh
zwei Wirklichkeiten,
begreife meine Freiheit
mit grenzenlosen Möglichkeiten.

Hinein in Totenstille
klingt Kinderlachen, Reigen
über Sperren, Gräben, Minenfelder;
es lebt sich
auch ohne freiheitliche Idylle!

Feldstecher der Türme warnend deuten
doch die Hunde in den Gräben schweigen.
Nur ein kleiner Vogel singt
als hätte alles gar nichts zu bedeuten.

Helmstedt
in den Jahren 1986 + 87

Trotzendes Dorf

Große Häuser, langgezogene Dächer
überdecken fast die Innenhöfe
darunter geduckt die kleinen mit Innensicht
aufgenommen und mitgewärmt
alles rund in sich gekehrt
Gesicht zu Gesicht
eines vom anderen bewacht
als geschlossene Einheit
die die übrige Welt nicht nötig hat.

Verwachsen scheinen sie,
zusammengewachsen
die Häuser, die Menschen und die Tiere
in hundert Jahren und mehr
trotzen sie unter windschiefen Dächern
der Außenwelt
und den nordöstlichen Stürmen.
Wenn sie brausen daher
und versuchen, sie zu erschüttern,
schlägt die Sturmglocke an
im alten Gebälk.

Ich bin eine Fremde
steh außen vor
ihrem Leben, ihrem Denken
und Empfinden
und vor ihren Häusern mit den Balken
die ein Spruch ziert
rundum wie ein Band:
-    oder ist es ein Gebet? -
„Möge uns kein Leid widerfahren
und Gott unsere Gemeinschaft wahren"
es fleht
im Wirrwarr der Zeiten
und derGeschehnisse im Land.

Du kleines Dorf, glaube ich,
wirst nie ganz verlassen
bleibst bewohnt und geliebt,
in der Unruhe der Zeit
vielleicht immer mehr verstanden.
Du wirst Neuzeitliches überleben
weiter Geborgenheit schenken
allen, denen du genügst,
Bescheidenheit, Zufriedenheit,
Ruhe und Heimat geben;
in dir ist das Nötigste vorhanden!

Lüneburger Heide
1987

Warmes Licht in kalten Straßen

Ein paar Tage Winterurlaub wollen wir machen
sein in deinen alten Fachwerkhäusern
bummeln an den Lädchen
mit den schönen Sachen
handgemacht!
Das Eis am Marktplatzbrunnen
wollen wir glitzern sehn,
aus dem Turm am Platz das Glöckchen
Weihnachtslieder bimmeln hör'n
am Abend kurz vor acht.

Die Zeit in dir ist gut und schön
läßt Alltagslast für kurze Zeit vergessen.
Sie löst sich los, verliert sich in den Gassen
und man bemerkt es erst viel später
wenn man dich hat längst verlassen.

Ich geh am letzten Abend durch die Straßen
allein, ihr seid zu müde
von der Wanderung im Schnee,
von oben fällt ein warmes Licht herab
aus einem kleinen Dachcafé,
in dem wir manchmal saßen.

Knarrende Holzstiegen führen hinauf
drinnen leuchtet warm der Weihnachtsbaum
draußen am Fenster hängt das Eis in Zapfen
durch die kleinen Fenster sieht man kaum
aufs alte, schiefe, schneeverwehte Dach davor
mit dem Haus seit einer Ewigkeit verwachsen.

Und draußen fällt weiter der Schnee
in die stille Nacht hinein.
Doch ich sitze warm auf der Bank am Kamin
in der Stubendämmerung geborgen
weit entfernt noch vom nächsten Morgen
zu Hause in der Stadt
und den Alltagssorgen;
und ein wunderbarer Friede
hüllt mich ein.

Michelstadt/Odenwald
Winter 1984

Eingeschneit

im alten Forsthaus im Schwarzwald!
Vor den Fenstern klirrt die Kälte
Winterwind verweht
den fallenden Schnee,
kein Vogel mehr zu sehn
und kein Reh!

Schlitten und Skier stehen im Schober
blank gewetzt vom verharschten Schnee;
wir sitzen ausgetobt müde
am Fenster der Stube.
Auf dem alten Herd steht
auf braunem Kandis gebrüht,
der warme Tee.

Winter im Hochschwarzwald 1983

*

Leise rieselt der Schnee
vom Himmelszelt
verzaubert die Erde
in eine Wunderwelt.

Nachtfahrt auf Skiern
mit Annette

Wir gleiten im fahlen Mondlicht
in winterschlafender Flur
vorbei an einsamen Schobern
und Wegen vom Schnee verweht,
überall einsame Stille,
nur du und ich
in schmalgezogener Spur.

Schneeflocken wehen im Nachtwind
bedecken unsere Spuren sacht,
über uns verhangene Sterne
am Boden frostverharscht
zischen unsere Skier im Schnee
heimwärts zum Licht in der Ferne
durch die weiße Winternacht.

Löffingen/Schwarzwald
   Winter 1983

Die Tanne vorm Haus

Mit Schnee behangen
steht sie da:
die Tanne vorm Haus.

Aus ihrer weißen Decke
leuchten kleine Kerzenlichter
in die Dämmerung hinaus.

Wie schnell
ist dein blühendes Jahr vergangen;
unter dem Schnee
bist du noch mit Zapfen behangen.

In deinen grünen Zweigen
wurden kleine Vögel geboren;
sie sind schon längst
mit ihren Eltern nach Süden gezogen.

Doch sie werden wiederkommen
im ersten Frühlingsschein,
und du wirst ihnen
wieder Heimat sein.

Saas Fee   1980-87

Ankunft in Saas Fee, und das Herz wird weit!
In den Gassen und Chalets kein Autolärm,
nur gewohntes Saaser Leben;
oben Gletscherhänge, hohe Gipfel, Eis:
rundum eine kleine Herrlichkeit!

Gleich laufen wir schon wieder durch die Gassen
wollen sofort wieder alles sehen;
wir sind froh
und können es noch gar nicht fassen
wieder hier zu sein und überall zu gehen.

Da sind die vielen alten Häuser
und die Chalets mit ihren kleinen Fenstern.
Sieh, die alte Frau auf ihrer Bank im bunten Kleid!
Sie saß im letzten Jahr schon dort
als stünde hier die Zeit.

Saas Fee, du Ort der schönen Blumen
der sonnigen Cafégärten
und am Abend der heimeligen Stuben,
wenn die Sonne hinterm Dom vergeht
und der kühle Wind vom Gletscher weht!

Unstimmigkeiten

Der Streit der Jahreszeiten
war noch im Gange
als wir kamen.
Der zarte Frühling gab
dem starken Winter nach
und überließ ihm widerwillig
seinen zeitlich zustehenden Platz,
worauf dieser ihn besetzt hielt
als gehöre er zu den endlosen.

Oben im einsamen Dorf
auf 1800 m Bergeshöhe erlaubte er sich,
eiskalt gegen die Naturgesetze
zu verstoßen.
Doch im Tal hatte er längst verloren.
Die Sonne lachte ihn aus,
und trotz Neuschnee oben
blühten unten an der Rhône
schon die Rosen.

Riederalp /Brig
Wallis 1980

Meer riechen

Endlich nochmal
Meer riechen
und den warmen Sand
unter den Füßen spüren
in der weiten weißen Bucht
von St.-Maries!

Endlich nochmal
deine Sprache sprechen,
in deinen Gassen
auf den Märkten bummeln,
beim roten Wein sitzen,
léger und frei sein
im la vie de St.-Maries!

St. Maries de la Mer, 87

*

Südfranzösischer Sommer

Magst du auch
Lavendelduft in lauer Abendluft
und draußen sein?

Grillzirpen
Flamingo-Schwärme in der Ferne
auf dem Wasser Mondschein?

Pferdeschnaufen
wenn der Abend beginnt
gute Essensdüfte im Wind
und sitzen beim Wein?

Möwentanz
Geigen und Zigeunergesänge
bunte Flatterkleider, Ohrgehänge
und verliebt zu sein?

*

St. Maries de la Mer

Du ferner Ort
an weißen Stränden
lebst im Blau ohne Ende,
über dir der Himmel
und vor dir das Meer
ohne Zeit, ohne Wende.

Du hast lange
Sommerwärme und Sonne
an deinen weißen Wänden,
wirst gestreichelt vom Wind;
er bringt den Sand in deine Straßen
und singt.

Du bist verwinkelt
und verzweigt in engen Gassen
voll quirligem Leben,
bietest was du nur kannst;
dein Geschäftssinn versteht was
von Geben und Nehmen.

Deine Küche ist einzig
die Menues excellent
in deinen kleinen Restaurants
ist Camargue-Atmosphère,
die feinwürzigen Düfte
weht dann am Abend
der Wind übers Meer.

Er verweht auch mein Haar,
und meine Gedanken
ziehen mit der Möwen Flug,
im warmen Kuß der Sonne
schmilzt die Alltagsschale
und Zug um Zug.

St. Maries de la Mer/Camargue 1987

Fernweh

nach dem warmen Land
dem Paradies
wo ewig Sommerblumen blühn
auf zarten Kleidern,
wo Möwen ziehn aufs Meer hinaus,
wo ich Ruhe finde
an einem stillen Platz im warmen Sand,
wo ich die Muschel suche
in der das Meer noch rauscht,
und wo die Liebe wohnt
in jenem kleinen Haus.

*

Spätherbst am Meer

Zeit und Sommersonne
haben die Tischdecken
und roten Markisen
und auch das lustvolle Leben
auf der Uferpromenade
verblassen lassen.

An den kühlen Stränden
und in den Straßencafés
ist es leer geworden;
Herbstwind weht,
läßt flattern die Kulisse in Rosé
und die Wäschefahnen in den Gassen.

Nebel

aus dem Nichts gekommen
leise über allem sich spannt,
Bergspitzen im Wolkenmeer liegen,
sanft eingebettet schweigen die Erde
der Himmel, das Land.
Nebel
bedeckt auch den See,
kein Boot und kein Segel draußen,
stumm sitzen die Möwen auf den Pfählen,
nur ein einsamer Schwan steigt aus dem Dunst
wie eine weiße Fee.

*   Wasserburg/Bodensee
November 1990

Schilfgras

neigt sich am Ufer, ergeben der Nacht.
Durch seine hohen Halme scheint der runde Mond
als stecke er darin
wie eine aufgehängte Laterne, die leuchtet.
Der See, silberglänzend und schweigend
kräuselt sich sanft,
der Nachtwind säuselt sein Lied durchs Rohr
melodisch, wispernd und süß,
betörende Worte: ein Liebeslied,
das nur für eine Nacht etwas bedeutet.

Naturdelta Bodensee
Hard/Österreich

Oktober in unserem Bergdorf

Die Gipfel rundum
sind schon mit Schnee besprüht
an ihren Füßen weißer Nebel liegt,
doch der Himmel darüber
ist blau und klar
wie an Oktobertagen
herb und wunderbar.

Einen Hauch von Sommer
spürt man noch
im Duft der letzten Blumen
in den Gärten und draußen
vor den kleinen Fenstern
heimeliger Stuben,
und in den Menschen
die noch nicht Abschied nehmen
von der Arbeitslust, den Bergen
und dem quirlen Leben

Süße Beeren gibt es
vereinzelt noch am Weg
und Heidekraut mit späten Alpenrosen
wo die Sonne etwas länger steht;
große weiße Distelblüten
blinzeln auf den leeren Almen,
an buntgemischten Hängen sind
die Sträucher rot und gelb gefärbt
vom ersten kalten Wind.

Die Gemsen sind noch hoch,
doch in den Nächten dröhnt
der Hirschen Röhren: Brunftzeit!
Von Tag zu Tag jedoch
wird es ein wenig stiller;
der letzte Vogelzug ist fort
bald ist's soweit!
So genießt man eben noch
auf der Bank am Schindelhaus
die letzte warme Sonne
die herunterscheint vom Joch.

Noch einmal
wollen wir nach oben
auf des Geishorns Pyramide
in des Rauhorns Flanken droben
zum Kirchdachsattel oder auch
zum Himmeleck steigen
in Himmelsblau und Sonnenschein,
auf des Daumens langen Rücken
wenn's geht, auch noch aufs Rubihorn;
doch nichts geht mehr!
Es schließen die Berghütten
und in der Nacht schneits ein.

Hindelang-Hinterstein
Oktober 94

Weihnacht

Firnlicht ist geboren
taucht unser kleines Tal
zwischen den Bergen
in eine weißglänzende Pracht.
Es bleicht aus
Hass und Sorgen
versilbert alles
am Weihnachtsmorgen.
Es zaubert glitzernde Zweige
Gräser, Halme millionenfach,
für jeden Menschen einen
in der Heiligen Nacht.

Hinterstein/Allgäu
Weihnachten 1995

*

Abendfrieden

Die Tagesmühen sind verflogen
die Wetter verzogen,
zwischen den Hügeln
haben sich Nebelschleier gewoben
für die Nacht.

Das Berghaus hoch oben
vom Sturmwind gebogen
von Allmachtsflügeln gehalten
von Gott gewogen
der von noch höheren Thronen
über allem hält Wacht.

Zeit zu gehen

Weiß steht schon der Mond
im Himmelsblau
des vergehenden Tages,
weiß wie der restliche Schnee.

Heiß war die Sonne heute,
aber er schmilzt nur
in unserem Kocher
für den Tee.

Firneis glänzt rot
oben unter den Gipfeln;
wir haben die untergehende Sonne
sich darin spiegeln gesehn.

Doch silberweiß wird es bald sein
im Mondschein der Nacht.
Es ist an der Zeit
talabwärts zu gehn!

Weiter wilder Ofentalpaß/Wallis
Sommer 1983

Auf der Riederfurka

am großen Aletschgletscher oben
bin ich manchmal noch in Gedanken,
geflohen aus dem Alltag der hektischen Zeit.
Unten höre ich den Aletschgletscher rumoren,
über mir stehen Viertausender-Kronen
alt wie die Ewigkeit.

Ich sitze im Heidekraut und schau in Ruh
weiter drüben die Matterhornspitze.
Still ist's hier; nur in der Luft hoch oben
gleitet der Milan mit kräftigen Schwingen;
„Kra-Kra, zieh fort!" rufen die Dohlen.

Gletscherfrische und Bergkräuterdüfte im Wind,
die von Arven, Gräsern und Blumen;
aus dem alten Furkahaus kommen süße Aromen
von Apfelkuchen mit Zimt, heißer Schokolade
und Kaffee.
Vom Blausee her klingt ein Alphornrufen
in dumpfem, melodischem Weh.

Zusammen

haben wir
als es begann die Fäden gesponnen
zum Bergsteiger-Seil
und den Knoten mit Sehnsucht verknüpft
den nichts mehr lösen kann.

*

Walliser Sonne

Wieviel Gipfel in Weiß
umarmst du auf einen Schlag?
Wieviel Eis läßt du tropfen
von den Gletschern
an einem Sommertag?
Wieviel Schnee schmilzt du zu Wasser
und läßt es talwärts plätschern
im Wellenschlag?

Wieviel Blumen läßt du erblühen
in den Gärten, auf den Wiesen
und das Edelweiß am Grat?
Wieviel Menschen schenkst du Freude
und Wärme vom frühen Morgen
bis zum späten Nachmittag?

Saas Fee/Schweiz
1981-85

Hoffentlich

verlernen wir
das Schauen nicht
und das Staunen
wie ein Kind!

Hoffentlich
verlieren wir
die Freude nicht
und denken an das
Danken dafür
daß wir glücklich sind!

Hoffentlich
vergessen wir
die Demut nicht
und behalten die Hoffnung
daß immer wieder
ein guter Tag beginnt!

Vive la vie – Es lebe das Leben!

Die untergehende Sonne
ergießt sich aus dem All
in verschwenderischer Fülle
über die weißen Felder
des Mont Blanc.

Es ist ein Fließen in Bergesrunde
über Türme und Flanken
hinab durch die Rinnen
ins Mer de Glace
zur Abendstunde.

Byzantinisch-golden
umranken die Zinnen der Jorasses
den Eisdom des Mont Blanc
und die der Aiguilles
das Mer de Glace über Argentière.

Man schaut und staunt
im dämmrigen Grunde;
friedlich und schön sieht es aus.
Doch die Nachricht
vom Sturz am Joly
macht die traurige Runde;
sie löst Betroffenheit aus.

Für die Unbetroffenen aber
endet der Tag ohne Weh.
Das Leben geht weiter!
Der Nachtwind weht auch heute
Lavendel- und Rosendüfte umher.
Man speist und genießt, und
der rote Wein lädt zum Leben ein:
„A votre et notre santé!"

*

Mond am Mont Blanc

Groß und rund
steht er am Himmel
oben am Mont Blanc
als Wächter im All
über das weiße Schloß
Bergkristall.

Er schaut auch herab
auf die Chalets
und in unsere Fenster,
sind sie noch so klein:
ihm bleibt nichts verborgen
denn bis zum Morgen
liegt alles in seinem Schein.

St. Gervais/
Le Bettex 1987

Sonnenwanderung durchs Montafon

Lange steht die Sonne im Zenit
über dem Saulakopf und der Zimba
und erwärmt das Urgestein.
Dann zieht sie nach Südwest
zu den Drei Türmen
und der Drusenfluh,
ruht mit uns aus im Schweizer Tor
und im Gafalljoch,
spielt in den Kirchlispitzen
mit Schatten und Licht,
glüht an den Kanzelköpfen,
legt den Lünersee ins Dämmerlicht.
Doch irgendwann
ist an den Wänden der Schesaplana
ihr Tagwerk vollbracht:
Sie verblutet am Südwandsteig!
Rubinrotes Gletschereis
leuchtet im Mondlicht der Nacht.

Immer wieder Montafon
1988-2002

Die Bergliebe
meiner Tochter Annette

Ich hab die Sehnsucht vorausgeschickt;
sie kennt den Weg in die Berge
und weiß, wo die Gipfel sind
mit dem Blick horizontweit in die Ferne.

Bald werde ich steigen
in der Früh im ersten Tau,
weiter und höher
in ein immer klareres Blau.

Ich werde queren den Gletscher
und den Schneehang bis zum Firn,
unter mir wird ein Wolkenmeer liegen;
die Morgensonne bräunt mir die Stirn.

Später beim Abstieg vom Gipfel
kehre ich in der Hütte ein
zu den Kameraden der Berge
auf ein Glas roten Wein.

Gebete zum Monte Moro

Föhnwinde jagen
über die blanken Platten
des steinernen Gipfels Monte Moro,
als wollten sie uns die Füße wegfegen
und uns im Sturm davontragen.

Von Süden her bringen sie voraus
die Wünsche und Klagen
der Frauen auf den Pfaden
steil herauf, steinig und schmal,
zur Madonna delle nevi,
der Madonna im Schnee,
als Zuflucht der Menschen
aus dem Macugnaga-Tal.

Der Wind weht auch stille Gebete herüber
aus der Ostwand des Monte Rosa
vis-à-vis, und von denen in Gefahr
aus dem steil abfallenden
Marinelli-couloir.

Saas Almagell 1983

Der Wind

singt seine Lieder am Berg;
er säuselt und flüstert,
schluchzt und wispert
weint wie ein Kind:
der Wind, der Wind.

Er braust auf
pfeift in den Felsen
röhrt in den Spalten
heult um den Gipfel
versucht sich an den Flanken
ob sie nicht schwanken.

Still steht der Berg
der Wind gibt nicht auf
ist mal leise, mal laut,
spielt Harfe in den Türmen
und will auf dem Felsband
das Biwak erstürmen.

Er will erlöschen
das flackernde Licht
und den Mut in den Herzen,
doch sie fürchten sich nicht,
fühlen sich geborgen am Berg,
sind zusammen in Harmonie
und ohne Zweifel
an der nächsten Partie.

Das Anpassen

an die Natur und ihrer Allmacht
wird es wohl sein,
daß diese uns
zu unserer eigenen zurückführt
und wieder zu Naturkindern macht.

*

Genügsamkeit

Uns Berggängern
genügt die Einfachheit
wenn wir unterwegs sind
bergauf, bergab,
landein, landaus

mit einem Stück Brot und Käse
statt feinem Kuchen,
einem Apfel aus dem Garten
und Quellwasser statt Wein;
einem steinigen Pfad
statt einem Weg,
einem Lager, statt einem Bett,
einer Hütte, statt einem Haus;

es genügt uns zum Glücklichsein!

Lohnende Mühen

Bergsteigen
stärkt den Körper
stählt die Disziplin
festigt Kameradschaft
verbindet in Freundschaft
und schenkt Glück
für die Seele.

Bergsteigen
läßt eins werden im Team
nimmt auf in die Natur
lehrt aufmerksames
Schauen und Lauschen
vermittelt Demut
hilft Sorgen zu vergessen
sich an Gott zu erinnern
mit Dankbarkeit auf dem Gipfel
im Staunen zu seiner Ehre.

Abendandacht

Italienische Lieder klingen
zur Rifugio Pian di Cengia
im Büllelejoch herüber
durch die Abendstille
aus der Alpinikapelle
an den Drei Zinnen

Wir hören sie singen
über die Berge, die Türme
die Spalten und Rinnen
die sie aus der Forcella Cengia
und der Giralba erklimmen

Sie danken Gott
für den Tag und das Glück
oben am Berg beim Bezwingen
und für die Freude
die sie darüber gewinnen.

Sexten-Moos/Dolomiten 1976

Misurina

Dumpf hallen die Schritte
der Letzten, die da kommen
von den Bonacossa-Steigen
ins Abendschweigen.

Von oben schallt
ihr befreites Reden und Lachen
aus frohen Stimmen
begleitet vom Karabinerklingen.

Dann unten ist Stille.
Dämmrig und klar ruht der See.
In seinem Wasser vermischt sich
Himmelblau mit Abendrot.

Wie ein Goldbarren
liegt die Sorapis auf klarem Grund,
vom Himmel bis in die Tiefe
beschienen vom Mond.

Misurina/Cortina d'Ampezzo
Sept. 1980

Wenn die Reichenau erwacht

Auf dem Weg zur Reichenau
steigen die Pappeln
aus dem Nebel,
der die Insel freigibt
aus seinem weißen Dunst.
Dann fällt die Sonne ein.

Das Schilf breitet seine Halme aus
Möwen kommen
vom Gnadensee herüber
Vögel zwitschern und singen,
ein Meer von Gemüsepflanzen treibt
Menschen arbeiten auf den Feldern
Rosen öffnen sich duftend.
Das Leben kann beginnen,
die Insel badet im Sonnenschein.

Reichenau/Konstanz 1989/90

Überall sein

Ich möchte nochmal mit dir
den Frühling in Amsterdam erleben
oder in Paris an der Seine gehen
den Eiffelturm sehen
und auf dem Montmartre stehen
auch in Brüssel würden wir nochmal sein
und zum Karneval führen wir heim
nach Köln am Rhein

Du möchtest einmal
an den Ostseestrand fahren
und ich wieder nach Berlin.
Doch wir einigen uns
und reisen zum x-ten Mal nach Wien.
Später wandern wir im Schwarzwald
fahren nach Freiburg und Konstanz
und mit dem Schiff über den großen See
in unser schönes Lindau
am Bodensee.

Karwendel

Es ist schön,
wieder im Karwendel zu sein
und zu wandern
bergauf, bergab und weit hinaus!

Es tut gut,
durchzuatmen, auch zu schwitzen,
und am Abend müde und hungrig
bei gutem Essen und Zithermusik
in einer gemütlichen Stube zu sitzen!

Es stillt die Sehnsucht,
schottrige Bergpfade zu gehen,
smaragdfarbige Seen zu sehen
und in der Dunkelheit das Licht
hoch oben im kleinen Karwendelhaus!

Fischer-Los

Rot glüht noch der Sonnenball
der im Wasser versinkt,
wenn die Fischerboote hinausfahren
in die aufkommende Nacht,
vom Mond bewacht.

Sie lassen die traute Gemeinsamkeit
in den Häusern der Ufern zurück
in denen ihre Liebsten sind,
da, wo ihre Kinder träumen
und das Schilf wogt im nächtlichen Wind.

Die Lichter der Häuser grüßen hinaus
und die der Boote auf dem dämmrigen See
blinken zum Land:
„Bella, bella, bella Marie,
bleib mir treu, ich komm zurück morgen früh
…vergiß mich nie!"

Der Mond vom See

Groß und rot liegt der schläfrige Mond
auf dem Pfänderrücken, zu müde noch,
seinen Wachdienst anzutreten
um den See von Lindau bis Überlingen,
von Bregenz bis Arbon und Konstanz.

Dann erhebt er sich langsam
und beleuchtet die Türme der Kirchen,
die Häfen und die Leuchttürme
an den Ufern der drei Länder,
schaut in die Obst- und Weinhügel
und bedeckt den See mit Silberglanz.

Ehrfürchtig schickt er ein „Grüß Gott!"
auf die Basilika in Birnau herab,
wirft sein schon fahlgewordenes Licht
auf die Pfahlbauten in Uhldingen,
bevor er im Blumenbeet
auf der Insel Mainau
einschläft im ersten Sonnenglanz.

Es ist soweit

Gestern strahlten noch die letzten Dahlien
und heute früh blühten schon
die ersten Raureifblumen
glitzerten in weißen Sternen
draußen am Fenster
und alle wußten:
es ist soweit!

Der Herbst
hat sich lautlos verabschiedet
ohne Sturm und Drang
nach endlos schönen Tagen
ist mit den Vögeln davongeflogen
vor der Winterzeit.

Doch sein letzter Atem war kalt.
Er warnte die Rosen
die noch purpurrot lachten;
nur die Tannen, die alten,
rauschten:
„Wir sind bereit!"

Sehnsucht weht

das ganze Jahr
wie ein Sommerwind
der nach Meeresrauschen klingt
Freiheit vom Alltag verspricht
und warmen weißen Sand.

Sehnsucht duftet
lieblich nach Lavendel und Rosen
schmeckt nach reifen Feigen
und hellem süßem Wein
in einem warmen Land.

Sehnsucht ruft
nach den Bergen
und smaragdgrünen Seen
in ihr klingen
die kleinen Glocken der Schafe
und das Alphorn
bis hinauf in die Wand.

Die Impressionen

aus unserer Zeit
sind nicht zurückgeblieben
in den verlassenen Räumen
der Vergangenheit.
Wir haben sie mitgenommen
zur Erinnerung.

Jeden Morgen
küssen wir sie wach
damit sie die Sonne sehen
den Mond und die Sterne
und alles Kleine und Große
um uns her
in immerwährender Bewunderung.

*

Bilder und Worte
geben unserer Vergangenheit
einen Schimmer
von Unvergänglichkeit.

*

Stille Zeit am See

Die letzten Rosen sind verblüht
abgefallen und verweht;
purpurne Blütenblätter
ließen rotes Blut zurück
im weißen Gestein der Terrassen.

Nebel ziehen ins Land,
stehen wie eine weiße Mauer
und trennen schweigend
die Freuden des Sommers
vom Schattenreich des November.

Lautlose Vögel sind dageblieben
zwischen geknickten Halmen
des Sommerschilfs;
das Gold eines Sonnenstrahls
auf dem Wasser
beginnt langsam zu verblassen.

Still ruht der See

Emotionen
kommen aus dem Herzen

Gedanken
aus dem Kopf

Impressionen
aus der Seele

*

Glaube an Dich
und Deine Talente
und schaffe Dir Möglichkeiten
mit ihnen zu leben!

*